L'AMORE È IN ATTESA

L'AMORE È IN ATTESA

BILL VINCENT

CONTENTS

Introduzione   1

1 Capitolo uno Sogni d'amore   2

2 Capitolo due: riprendersi da un amore fallito   4

3 Capitolo tre Amore non lussuria   6

4 Capitolo quattro Lascia che l'amore ti trovi   8

5 Capitolo cinque L'amore aspetta   10

Informazioni sull'autore   14

Copyright © 2025 by Bill Vincent
All rights reserved. No part of this book may be reproduced in any manner whatsoever without written permission except in the case of brief quotations embodied in critical articles and reviews.
First Printing, 2025

Introduzione

In principio Dio creò l'uomo e poi creò la donna dall'uomo. So che sto parafrasando ma è esattamente la prima creazione d'amore. A volte racconto una barzelletta quando parlo. Sapete perché Dio chiamò la femmina donna? Quando Adamo la vide disse guai uomo!

Credo che l'amore sia una delle cose più speciali al mondo. Una delle cose che tutti noi sembriamo combinare nel corso della nostra vita. L'amore può coglierti di sorpresa quando non stai nemmeno guardando.

Che tutti lo ammettano o no, tutti noi vogliamo avere una Hollywoodstoria d'amore. Vogliamo che qualcuno corra all'aeroporto per fermarci a causa dell'amore che prova per noi. Vogliamo che la persona che amiamo si precipiti dentro e ci impedisca di sposare qualcun altro. Vogliamo che quella persona speciale ci corra incontro e dica quelle tre meravigliose parole TI AMO! Siamo tutti romantici di vecchia data .

Sto scrivendo questo libro con un avvertimento. L'avvertimento è che l'amore ti troverà quando meno te lo aspetti.

CHAPTER 1

Capitolo uno Sogni d'amore

Come ho detto nell'introduzione , tutti noi cerchiamo l'amore, proprio come in un Hollywoodfilm.

Sapete uno dei motivi per cui la sezione romance del videonoleggio è così popolare? Tutti vogliono una storia d'amore sdolcinata.

Se stai leggendo questo e dici di no, allora a Dio non piacciono i bugiardi.

Quando è stato per te? Hai mai sognato di trovare l'amore? Stavi cercando di farti baciare a una partita di calcio sotto la pioggia?

Voglio che tu ci pensi davvero, forse eri un adolescente. Stavi iniziando a realizzare che i pidocchi dei ragazzi o delle ragazze non sono poi così male. Una cosa che ho imparato sui sogni è che puoi prenderti del tempo per ricordare. Immagina e ricorda quel primo desiderio di essere amato. Potresti aver provato dei sentimenti per qualcuno, ma eri troppo spaventato per agire in base a quei sentimenti. Per alcuni di noi, quando proviamo dei sentimenti per un altro, non facciamo nulla al riguardo. Andiamo avanti nella vita senza dire all'altro qualcuno che ci fa venire le farfalle nello stomaco.

Sono stupita che ragazzi e ragazze non siano diversi da uomini e donne. Quello che intendo dire è che l'unica differenza quando si tratta del sesso opposto è che invecchiamo. I nervi, le farfalle e persino le paure sono ancora lì. Non mi interessa quanti anni hai, non smettere di sognare amore e romanticismo.

CHAPTER 2

Capitolo due: riprendersi da un amore fallito

So cosa significa amare e perdere l'amore. Ora sono sposato con la mia seconda moglie Tabitha. Lasciatemi dire che quando le dico che la amo, viene dal profondo del mio cuore. Ne parlerò più avanti.

Quando proviamo amore per qualcuno e poi arriva qualcosa che distrugge quell'amore, il dolore è più forte di qualsiasi altro.

So che quando ero un adolescente c'era una ragazza a cui non riuscivo a smettere di pensare. Era amore o forse una cotta forte. So che quando l' ho vista per la prima volta eravamo a un picnic e non ci sapevamo nemmeno chiamare per nome. Le passavo accanto e all'inizio non la guardavo nemmeno, ma speravo che lei guardasse nella mia direzione. Scommetto di averla superata quel giorno più di venti volte. Gradualmente le dedicavo sempre più attenzione. Sono arrivato al punto in cui l'ho guardata direttamente e le ho sorriso e sai cosa mi ha sorriso. WOW ero così felice in quel momento che non le sarei più passato accanto, quindi non avrei rovinato tutto.

Un'amica mi chiese di andare da lui e lui mi fece sedere accanto a lei e ci presentò.

Da quel giorno in poi ci siamo conosciuti come fidanzato e fidanzata. Il motivo per cui ne scrivo qui è per l'amore che è andato perduto. Dopo circa un anno, un'amica mi ha fatto sapere che era morta per cause sconosciute. Ho scoperto che aveva tutti i miei piccoli regali sparsi per tutta la stanza. A quel tempo, da adolescente, avevo amato e perso.

So che per alcuni di voi la storia potrebbe essere diversa. So che ci sono quelli che si sono sposati e l'uomo o la donna se ne sono andati. Anche quando l'amore non è allo stadio di farfalla, il dolore può restare con noi.

Fa male amare e perdere quell'amore. Fa male quando amiamo e non siamo riamati.

Sono qui per dirti di non rinunciare all'amore. So che molti dicono che il tempo guarisce tutte le ferite. Credo che Dio sia l'unico che può guarire il cuore spezzato e fasciare le ferite.

So che una volta che una persona ha amato e perso, è facile dire che non ho bisogno di amore, romanticismo, sesso o semplicemente di quell'altro corpo accanto a me. Lascia che ti dica una cosa alla fine di questo libro: spero che darai spazio all'amore per tornare a entrare.

CHAPTER 3

Capitolo tre Amore non lussuria

Ti sto dicendo che è facile innamorarsi di qualcuno. Quando sei con una persona del sesso opposto può succedere di tutto. All'inizio potresti anche non notarla e poi vederla come una persona molto attraente. Voglio che tu ricordi che se stai vedendo una persona che ora è attraente per, diciamo , il seno di una donna o forse il sedere di un uomo.

Se vedi che la persona è attraente ma lo è solo sessualmente, probabilmente sei caduto nella lussuria.

Dopo che la carne si sarà appagata, lasciatemelo dire, non rimarrà più niente. (Il sesso non dovrebbe mai essere prima del matrimonio) La lussuria è una parola solitaria di quattro lettere . Dobbiamo trovare attraente la persona di cui ci innamoriamo. So solo che deve esserci più dell'attrazione del corpo, quando si tratta di amore.

La cosa che voglio che tu ricordi è che non devi permettere agli impulsi sessuali di imitare i sentimenti d'amore.

Questa nazione è diventata un paese che vende sesso. Lo si può vedere sulle riviste, sui cartelloni pubblicitari e persino quando si fa shopping nei negozi. Il motivo per cui lo dico è perché dà la falsa impressione che tutti abbiano un corpo perfetto.

Gli addominali scolpiti o le curve nei punti giusti. La gente comune ha delle zone problematiche. Il corpo non è paragonabile. Non farti paragonare ai corpi falsi di questo mondo. Dio ti ha creato e la persona che si innamora di te vedrà solo la bellezza.

Più invecchiamo, più la gravità fa il suo corso. Le cose cominciano a cedere. Non lasciare che il modo in cui vedi te stesso ostacoli il vero amore. Di solito siamo noi i nostri peggiori critici.

Molte volte se qualcuno di cui eri innamorato ti lascia, ti sconvolge la mente. Ci fa dire, non devono più trovarmi attraente . Cominciamo a dare la colpa a noi stessi. Ascolta, se eravate entrambi innamorati e se ne sono andati, c'è qualcosa che non va. È in loro.

Il problema più grande è che uomini e donne confrontano i propri corpi con le copertine delle riviste. L'erba del vicino sembra sempre più verde. Dopo un po', se una persona se ne va, se ne va con un'altra, quella nuova avventura diventerà vecchia in fretta. Dopo un po' sono rimasti bloccati in una relazione morta che era motivata da desideri sessuali. Se se ne sono andati cercando qualcosa di meglio, allora lasciali andare. L'amore tornerà se glielo permetti.

CHAPTER 4

Capitolo quattro
Lascia che l'amore ti trovi

Devo dire che anche dopo il dolore e la sofferenza l'amore mi ha trovato in modo importante. Non importa dove sei stato nella vita, lascia che l'amore ti trovi. Fidati di me quando dico che non c'è nulla di standard nel modo in cui l'amore può trovarti. Anche quando non lo guardi o non te lo aspetti, l'amore ti troverà se glielo permetti.

Dopo essere stato vivo per 36 anni, l'amore mi ha trovato di nuovo. Ho trovato la mia meravigliosa moglie Tabitha. All'inizio so che per me ho cercato di reprimere i sentimenti. Mi sentivo come se mi illuminassi quando lei era con me.

La consideravo solo un'amica , ma era molto di più. Camminavo per chilometri e pregavo persino Dio di togliermi i sentimenti che avevo. C'erano volte in cui lavoravamo sui tetti e quando lei parlava di altri ragazzi mi arrabbiavo. Litigavamo molto e ora so che era per i sentimenti che avevamo entrambi. Le passavo accanto e sentivo il suo cuore battere più velocemente quando ero nei paraggi. Sappi che sono un ministro profetico. So che lei provava dei sentimenti per me nello stesso momento in cui io provavo dei sentimenti per lei. Un giorno ne ho avuto abbastanza di questo ballo intorno ai miei sentimenti. Credevo che le piacessi tanto quanto piaceva a me lei.

So che sembra banale. È amore e dovrebbe essere un po' banale. Ho chiesto a Tabitha se provava qualcosa per me e mi ha risposto dicendo: Ti amo come un fratello che non ho mai voluto. WOW! Ero devastata. Dopo un po' le ho confessato in un biglietto come mi sentivo. Volevo solo che lo sapesse ma le ho detto che era un mio problema. Spero proprio che tu abbia capito. Dopo un giorno o giù di lì mi ha scritto una lettera e me l'ha consegnata e ora mi ha spiegato che prova qualcosa per me ed era disposta a trasferirsi o cose del genere. Beh, per un po' ci sono state un sacco di cose insolite tra noi.

Non parlavamo né niente. Alla fine abbiamo ricominciato a riconoscerci perché la nostra amicizia significava molto per entrambi. Una sera, mentre camminava, sono uscito sperando solo di intravederla. Ho attirato la sua attenzione e ha iniziato a dire come si sentiva mentre glielo dicevo allo stesso tempo. L'ho presa e mi è caduta tra le braccia ed è stato come se Dio l'avesse creata per me. Ci siamo abbracciati e ci siamo dati il nostro primo bacio. WOW!!!

Che momento. È sigillato dentro di me come il mio Hollywoodmomento cinematografico. Più tempo passavamo insieme, più mi innamoravo di lei. Tabitha ha due bellissime figlie che amo anch'io.

CHAPTER 5

Capitolo cinque
L'amore aspetta

Il motivo per cui sto scrivendo questo libro è perché so che molti hanno rinunciato alla fantasia dell'amore. Oggi è il primo giorno del resto della tua vita. Potresti essere stato ferito e non voler più trovare l'amore. Potresti essere quella persona timida che prova sentimenti ma non agisce. Sai che la maggior parte di noi pensa di avere tutto il tempo del mondo. Lasciami dire questo, non sai quando l'amore della tua vita ti troverà.

È quasi come se un giorno ti svegliassi e l'amore fosse già stato scritto nel copione della tua vita. È come se l'amore fosse un cartello stradale nella vita. Potresti viaggiare per tutta la vita fino a quel giorno in cui finalmente hai raggiunto la destinazione chiamata Love Ave. Una cosa che ho visto è che molte persone hanno avuto relazioni ma non molto amore. Potrebbe essere una ragazza che voleva andarsene dalla casa dei suoi genitori. Un ragazzo simpatico può essere il cavaliere in armatura splendente.

Non importa se hai mai veramente realizzato l'amore. Non lasciare che l'amore ti passi accanto.

In chiusura di questo libro devo dire che l'amore ha delle difficoltà. La persona che ami con tutto il cuore potrebbe irritarti. Potresti persino stancarti di quella persona speciale. Ecco, proprio come hai trovato l'amore per quella persona; puoi mantenere o persino riaccendere quell'amore. Lo fai con i ricordi e immaginando la tua vita senza di loro. Se sono l'amore della tua vita, non puoi semplicemente immaginare la tua vita senza di loro.

Voglio che tu sappia che l'amore aspetta di essere trovato e poi ritrovato di nuovo. Mi riferisco al trovare quell'amore con la stessa persona ancora e ancora .

So che per me quando penso a mia moglie, mi sento così agitato nel profondo del mio cuore. Non mi sono mai sentito così prima. Ti sto dicendo che l'amore ti sta aspettando proprio dietro l'angolo.

Se stai cercando quel cavaliere o quella principessa che faccia capolino nella tua vita, non arrenderti. Sai che tutti i film romantici hanno il lieto fine in cui il ragazzo conquista la ragazza. Voglio che tu sappia che questo è solo l'inizio. È dopo che hai affrontato le bollette, i bambini e tutte le cose che possono sorgere. Dobbiamo tutti ricordare che i problemi ci sono e ci saranno. Il modo in cui rispondiamo a quei problemi sono i problemi della vita.

Se ami davvero la persona che hai trovato, supererai tutte le difficoltà.

Ho fatto questo commento molte volte nel corso degli anni. "La gente dice love ya " Dov'è il " ti **amo** "? Una volta che l'amore ti ha trovato, non dimenticare quella piccola parola **I** davanti ad amore. Nel mezzo delle tempeste che potrebbero arrivare, ricorda che l'amore è un tesoro. Le tempeste possono portare tristezza o persino follia.

Se guardi oltre tutto questo negli occhi di quella persona che hai trovato o che troverai, l'amore è straordinario. Tutti in tutto il mondo cercano l'amore in qualche momento della loro vita. Se trovi l'amore, rispettalo.

A qualsiasi uomo che stia leggendo questo libro, amiamo le nostre mogli come Cristo ama la Chiesa. Cristo ama la Chiesa incondizionatamente e questo è ciò che dovremmo fare anche noi.

L'amore aspetta che lo scopriamo. Non parlo dell'amore nella sua semplicità. Parlo dell'amore che prende il sopravvento sui tuoi pensieri e quando baci l'amore della tua vita ti fa qualcosa. Ti piace sentire il suo tocco. È come se tutto andasse meglio quando sei con lui. Quando trovi l'amore la tua vita cambia per sempre. Non dovresti mai buttare via l'amore e non lasciare mai andare il tuo amore, se puoi.

Se hai paura, non devi averne. Uno dei motivi per cui l'amore viene definito **innamoramento** è perché dobbiamo umiliarci per ammettere che amiamo qualcuno. C'è la possibilità che non provi gli stessi sentimenti per noi.

Non c'è nulla da temere perché l'amore nel mio cuore per mia moglie è un amore che ha reso la mia vita migliore. Non è forse questo il segreto per vivere? Dobbiamo vivere una vita migliore. Voglio che ora tu custodisca con cura l'amore che hai trovato.

Se non hai ancora trovato il tuo amore, neanche lui ha trovato te. L'amore è come il caveau di una banca.

Non è mai completo finché due persone non girano le chiavi dal cuore e dicono TI AMO!

Informazioni sull'autore

Bill Vincent non è estraneo alla comprensione del potere di Dio. Non solo ha trascorso oltre vent'anni come ministro con una forte unzione profetica, ma ora è anche apostolo e autore presso Revival Waves of Glory Ministries a Litchfield, IL. Insieme alla moglie Tabitha, guida un team che fornisce supervisione apostolica in tutti gli aspetti del ministero, tra cui servizio, ministero personale e carattere divino.

Bill offre un'ampia gamma di scritti e insegnamenti dalla liberazione, all'esperienza della presenza di Dio e allo sviluppo di una struttura della Chiesa apostolica all'avanguardia. Attingendo al potere dello Spirito Santo attraverso anni di esperienza nel ministero del Risveglio, della Sensibilità Spirituale e della liberazione, Bill ora si concentra principalmente sulla ricerca della Presenza di Dio e sullo spezzare il potere del diavolo dalla vita delle persone.